全国人民代表大会常务委员会公报版

中华人民共和国科学技术普及法

（最新修订本）

中国民主法制出版社

图书在版编目（CIP）数据

中华人民共和国科学技术普及法：最新修订本/全国人大常委会办公厅供稿.—北京：中国民主法制出版社，2025.1.—ISBN 978-7-5162-3825-7

Ⅰ.D922.17

中国国家版本馆 CIP 数据核字第 2025D0B767 号

书名/中华人民共和国科学技术普及法

出版·发行/中国民主法制出版社
地址/北京市丰台区右安门外玉林里 7 号（100069）
电话/（010）63055259（总编室）　63058068　63057714（营销中心）
传真/（010）63055259
http：//www.npcpub.com
E-mail：mzfz@npcpub.com
经销/新华书店
开本/32 开　850 毫米×1168 毫米
印张/1　字数/17 千字
版本/2025 年 1 月第 1 版　2025 年 1 月第 1 次印刷
印刷/三河市宏图印务有限公司

书号/ISBN 978-7-5162-3825-7
定价/8.00 元
出版声明/版权所有，侵权必究。

（如有缺页或倒装，本社负责退换）

目 录

中华人民共和国主席令（第四十三号）…………（1）

中华人民共和国科学技术普及法 ……………（3）

关于《中华人民共和国科学技术普及法
　（修订草案）》的说明…………………………（17）

全国人民代表大会宪法和法律委员会关于
　《中华人民共和国科学技术普及法
　（修订草案）》审议结果的报告………………（22）

全国人民代表大会宪法和法律委员会关于
　《中华人民共和国科学技术普及法
　（修订草案二次审议稿）》
　修改意见的报告…………………………………（26）

中华人民共和国主席令

第四十三号

《中华人民共和国科学技术普及法》已由中华人民共和国第十四届全国人民代表大会常务委员会第十三次会议于2024年12月25日修订通过，现予公布，自公布之日起施行。

中华人民共和国主席　习近平
2024年12月25日

中华人民共和国科学技术普及法

（2002年6月29日第九届全国人民代表大会常务委员会第二十八次会议通过 2024年12月25日第十四届全国人民代表大会常务委员会第十三次会议修订）

目　　录

第一章　总　　则
第二章　组织管理
第三章　社会责任
第四章　科普活动
第五章　科普人员
第六章　保障措施
第七章　法律责任
第八章　附　　则

第一章　总　　则

第一条　为了实施科教兴国战略、人才强国战略和创新驱动发展战略，全面促进科学技术普及，加强国家科学技术普及能力建设，提高公民的科学文化素质，推进实现高水平科技自立自强，推动经济发展和社会进步，根据宪法，制定本法。

第二条　本法适用于国家和社会普及科学技术知识、倡导科学方法、传播科学思想、弘扬科学精神的活动。

开展科学技术普及（以下简称科普），应当采取公众易于接触、理解、接受、参与的方式。

第三条　坚持中国共产党对科普事业的全面领导。

开展科普，应当以人民为中心，坚持面向世界科技前沿、面向经济主战场、面向国家重大需求、面向人民生命健康，培育和弘扬创新文化，推动形成崇尚科学、追求创新的风尚，服务高质量发展，为建设科技强国奠定坚实基础。

第四条　科普是国家创新体系的重要组成部分，是实现创新发展的基础性工作。国家把科普放在与科技创新同等重要的位置，加强科普工作总体布局、统筹部署，推动科普与科技创新紧密协同，充分发挥科普在一体推进教育科技人才事业发展中的作用。

第五条 科普是公益事业,是社会主义物质文明和精神文明建设的重要内容。发展科普事业是国家的长期任务,国家推动科普全面融入经济、政治、文化、社会、生态文明建设,构建政府、社会、市场等协同推进的科普发展格局。

国家加强农村的科普工作,扶持革命老区、民族地区、边疆地区、经济欠发达地区的科普工作,建立完善跨区域科普合作和共享机制,促进铸牢中华民族共同体意识,推进乡村振兴。

第六条 科普工作应当践行社会主义核心价值观,弘扬科学精神和科学家精神,遵守科技伦理,反对和抵制伪科学。

任何组织和个人不得以科普为名从事损害国家利益、社会公共利益或者他人合法权益的活动。

第七条 国家机关、武装力量、社会团体、企业事业单位、基层群众性自治组织及其他组织应当开展科普工作,可以通过多种形式广泛开展科普活动。

每年9月为全国科普月。

公民有参与科普活动的权利。

第八条 国家保护科普组织和科普人员的合法权益,鼓励科普组织和科普人员自主开展科普活动,依法兴办科普事业。

第九条 国家支持社会力量兴办科普事业。社会力量兴办科普事业可以按照市场机制运行。

第十条 科普工作应当坚持群众性、社会性和经常性，结合实际，因地制宜，采取多种方式。

第十一条 国家实施全民科学素质行动，制定全民科学素质行动规划，引导公民培育科学和理性思维，树立科学的世界观和方法论，养成文明、健康、绿色、环保的科学生活方式，提高劳动、生产、创新创造的技能。

第十二条 国家支持和促进科普对外合作与交流。

第十三条 对在科普工作中做出突出贡献的组织和个人，按照国家有关规定给予表彰、奖励。

国家鼓励社会力量依法设立科普奖项。

第二章 组织管理

第十四条 各级人民政府领导科普工作，应当将科普工作纳入国民经济和社会发展相关规划，为开展科普工作创造良好的环境和条件。

县级以上人民政府应当建立科普工作协调制度。

第十五条 国务院科学技术行政部门负责制定全国科普工作规划，实行政策引导，进行督促检查，加强统筹协调，推动科普工作发展。

国务院其他部门按照各自的职责分工，负责有关的科普工作。

县级以上地方人民政府科学技术行政部门及其他部

门在同级人民政府领导下按照各自的职责分工，负责本地区有关的科普工作。

第十六条 行业主管部门应当结合本行业特点和实际情况，组织开展相关科普活动。

第十七条 科学技术协会是科普工作的主要社会力量，牵头实施全民科学素质行动，组织开展群众性、社会性和经常性的科普活动，加强国际科技人文交流，支持有关组织和企业事业单位开展科普活动，协助政府制定科普工作规划，为政府科普工作决策提供建议和咨询服务。

第十八条 工会、共产主义青年团、妇女联合会等群团组织应当结合各自工作对象的特点组织开展科普活动。

第三章　社会责任

第十九条 科普是全社会的共同责任。社会各界都应当组织、参加各类科普活动。

第二十条 各级各类学校及其他教育机构，应当把科普作为素质教育的重要内容，加强科学教育，提升师生科学文化素质，支持和组织师生开展多种形式的科普活动。

高等学校应当发挥科教资源优势，开设科技相关通识课程，开展科研诚信和科技伦理教育，把科普纳入社会服务职能，提供必要保障。

中小学校、特殊教育学校应当利用校内、校外资源，提高科学教育质量，完善科学教育课程和实践活动，激发学生对科学的兴趣，培养科学思维、创新意识和创新能力。

学前教育机构应当根据学前儿童年龄特点和身心发展规律，加强科学启蒙教育，培育、保护好奇心和探索意识。

第二十一条 开放大学、老年大学、老年科技大学、社区学院等应当普及卫生健康、网络通信、智能技术、应急安全等知识技能，提升老年人、残疾人等群体信息获取、识别和应用等能力。

第二十二条 科学研究和技术开发机构、高等学校应当支持和组织科学技术人员、教师开展科普活动，有条件的可以设置专职科普岗位和专门科普场所，使科普成为机构运行的重要内容，为开展科普活动提供必要的支持和保障，促进科技研发、科技成果转化与科普紧密结合。

第二十三条 科技企业应当把科普作为履行社会责任的重要内容，结合科技创新和职工技能培训面向公众开展科普活动。

鼓励企业将自身科技资源转化为科普资源，向公众开放实验室、生产线等科研、生产设施，有条件的可以设立向公众开放的科普场馆和设施。

第二十四条 自然科学和社会科学类社会团体等应当组织开展专业领域科普活动，促进科学技术的普及推广。

第二十五条 新闻出版、电影、广播电视、文化、互联网信息服务等机构和团体应当发挥各自优势做好科普宣传工作。

综合类报纸、期刊、广播电台、电视台应当开展公益科普宣传；电影、广播电视生产、发行和播映机构应当加强科普作品的制作、发行和播映；书刊出版、发行机构应当扶持科普书刊的出版、发行；综合性互联网平台应当开设科普网页或者科普专区。

鼓励组织和个人利用新兴媒体开展多种形式的科普，拓展科普渠道和手段。

第二十六条 农村基层群众性自治组织协助当地人民政府根据当地经济与社会发展的需要，围绕科学生产、文明健康生活，发挥农村科普组织、农村学校、基层医疗卫生机构等作用，开展科普工作，提升农民科学文化素质。

各类农村经济组织、农业科研和技术推广机构、农民教育培训机构、农村专业技术协（学）会以及科技特派员等，应当开展农民科技培训和农业科技服务，结合推广先进适用技术和科技成果转化应用向农民普及科学技术。

第二十七条 城市基层群众性自治组织协助当地人

民政府利用当地科技、教育、文化、旅游、医疗卫生等资源，结合居民的生活、学习等需要开展科普活动，完善社区综合服务设施科普功能，提高科普服务质量和水平。

第二十八条　科技馆（站）、科技活动中心和其他科普教育基地，应当组织开展科普教育活动。图书馆、博物馆、文化馆、规划展览馆等文化场所应当发挥科普教育的作用。

公园、自然保护地、风景名胜区、商场、机场、车站、码头等各类公共场所以及重大基础设施的经营管理单位，应当在所辖范围内加强科普宣传。

第四章　科普活动

第二十九条　国家支持科普产品和服务研究开发，鼓励新颖、独创、科学性强的高质量科普作品创作，提升科普原创能力，依法保护科普成果知识产权。

鼓励科学研究和技术开发机构、高等学校、企业等依托现有资源并根据发展需要建设科普创作中心。

第三十条　国家发展科普产业，鼓励兴办科普企业，促进科普与文化、旅游、体育、卫生健康、农业、生态环保等产业融合发展。

第三十一条　国家推动新技术、新知识在全社会各类人群中的传播与推广，鼓励各类创新主体围绕新技术、新知识开展科普,鼓励在科普中应用新技术,引导社会正确认识和使用科技成果,为科技成果应用创造良好环境。

第三十二条 国家部署实施新技术领域重大科技任务,在符合保密法律法规的前提下,可以组织开展必要的科普,增进公众理解、认同和支持。

第三十三条 国家加强自然灾害、事故灾难、公共卫生事件等突发事件预防、救援、应急处置等方面的科普工作,加强应急科普资源和平台建设,完善应急科普响应机制,提升公众应急处理能力和自我保护意识。

第三十四条 国家鼓励在职业培训、农民技能培训和干部教育培训中增加科普内容,促进培育高素质产业工人和农民,提高公职人员科学履职能力。

第三十五条 组织和个人提供的科普产品和服务、发布的科普信息应当具有合法性、科学性,不得有虚假错误的内容。

第三十六条 国家加强对科普信息发布和传播的监测与评估。对传播范围广、社会危害大的虚假错误信息,科学技术或者有关主管部门应当按照职责分工及时予以澄清和纠正。

网络服务提供者发现用户传播虚假错误信息的,应当立即采取处置措施,防止信息扩散。

第三十七条 有条件的科普组织和科学技术人员应当结合自身专业特色组织、参与国际科普活动,开展国际科技人文交流，拓展国际科普合作渠道，促进优秀科普成果共享。国家支持开展青少年国际科普交流。

第三十八条　国家完善科普工作评估体系和公民科学素质监测评估体系，开展科普调查统计和公民科学素质测评，监测和评估科普事业发展成效。

第五章　科普人员

第三十九条　国家加强科普工作人员培训和交流，提升科普工作人员思想道德品质、科学文化素质和业务水平，建立专业化科普工作人员队伍。

第四十条　科学技术人员和教师应当发挥自身优势和专长，积极参与和支持科普活动。

科技领军人才和团队应当发挥表率作用，带头开展科普。

鼓励和支持老年科学技术人员积极参与科普工作。

第四十一条　国家支持有条件的高等学校、职业学校设置和完善科普相关学科和专业，培养科普专业人才。

第四十二条　国家完善科普志愿服务制度和工作体系，支持志愿者开展科普志愿服务，加强培训与监督。

第四十三条　国家健全科普人员评价、激励机制，鼓励相关单位建立符合科普特点的职称评定、绩效考核等评价制度，为科普人员提供有效激励。

第六章　保障措施

第四十四条　各级人民政府应当将科普经费列入本级预算，完善科普投入经费保障机制，逐步提高科普投入水平，保障科普工作顺利开展。

各级人民政府有关部门应当根据需要安排经费支持科普工作。

第四十五条　国家完善科普场馆和科普基地建设布局，扩大科普设施覆盖面，促进城乡科普设施均衡发展。

国家鼓励有条件的地方和组织建设综合型科普场馆和专业型科普场馆，发展数字科普场馆，推进科普信息化发展，加强与社区建设、文化设施融合发展。

省、自治区、直辖市人民政府和其他有条件的地方人民政府，应当将科普场馆、设施建设纳入国土空间规划；对现有科普场馆、设施应当加强利用、维修和改造升级。

第四十六条　各级人民政府应当对符合规划的科普场馆、设施建设给予支持，开展财政性资金资助的科普场馆运营绩效评估，保障科普场馆有效运行。

政府投资建设的科普场馆，应当配备必要的专职人员，常年向公众开放，对青少年实行免费或者优惠，并不得擅自改为他用；经费困难的，政府可以根据需要予以补贴，使其正常运行。

尚无条件建立科普场馆的地方，应当利用现有的科技、教育、文化、旅游、医疗卫生、体育、交通运输、应急等设施开展科普，并设立科普画廊、橱窗等。

第四十七条　国家建设完善开放、共享的国家科普资源库和科普资源公共服务平台，推动全社会科普资源共建共享。

利用财政性资金设立的科学研究和技术开发机构、高等学校、职业学校，有条件的应当向公众开放科技基础设施和科技资源，为公众了解、认识、参与科学研究活动提供便利。

第四十八条　国家鼓励和引导社会资金投入科普事业。国家鼓励境内外的组织和个人设立科普基金，用于资助科普事业。

第四十九条　国家鼓励境内外的组织和个人依法捐赠财产资助科普事业；对捐赠财产用于科普事业或者投资建设科普场馆、设施的，依法给予优惠。

科普组织开展科普活动、兴办科普事业，可以依法获得资助和捐赠。

第五十条　国家依法对科普事业实行税收优惠。

第五十一条　利用财政性资金设立科学技术计划项目，除涉密项目外，应当结合任务需求，合理设置科普工作任务，充分发挥社会效益。

第五十二条　科学研究和技术开发机构、学校、企业的主管部门以及科学技术等相关行政部门应当支持开展科普活动，建立有利于促进科普的评价标准和制度机制。

第五十三条　科普经费和组织、个人资助科普事业的财产，应当用于科普事业，任何组织和个人不得克扣、截留、挪用。

第七章　法律责任

第五十四条　违反本法规定，制作、发布、传播虚假错误信息，或者以科普为名损害国家利益、社会公共利益或者他人合法权益的，由有关主管部门责令改正，给予警告或者通报批评，没收违法所得，对负有责任的领导人员和直接责任人员依法给予处分。

第五十五条　违反本法规定，克扣、截留、挪用科普款物或者骗取科普优惠政策支持的，由有关主管部门责令限期退还相关款物，对负有责任的领导人员和直接责任人员依法给予处分；情节严重的，禁止一定期限内申请科普优惠政策支持。

第五十六条　擅自将政府投资建设的科普场馆改为他用的，由有关主管部门责令限期改正；情节严重的，给予警告或者通报批评，对负有责任的领导人员和直接责任人员依法给予处分。

第五十七条　骗取科普表彰、奖励的，由授予表彰、奖励的部门或者单位撤销其所获荣誉,收回奖章、证书,追回其所获奖金等物质奖励,并由其所在单位或者有关部门依法给予处分。

第五十八条 公职人员在科普工作中滥用职权、玩忽职守、徇私舞弊的,依法给予处分。

第五十九条 违反本法规定,造成人身损害或者财产损失的,依法承担民事责任;构成违反治安管理行为的,依法给予治安管理处罚;构成犯罪的,依法追究刑事责任。

第八章 附 则

第六十条 本法自公布之日起施行。

关于《中华人民共和国科学技术普及法（修订草案）》的说明

——2024年11月4日在第十四届全国人民代表大会常务委员会第十二次会议上

科学技术部部长 阴和俊

全国人民代表大会常务委员会：

我受国务院委托，现对《中华人民共和国科学技术普及法（修订草案）》（以下简称修订草案）作说明。

一、修订背景和过程

科学技术普及是实现创新发展的重要基础性工作。党中央、国务院高度重视科普工作。习近平总书记指出，科技创新、科学普及是实现创新发展的两翼，要把科学普及放在与科技创新同等重要的位置。李强总理对加强科普工作作出部署。丁薛祥同志提出明确要求。

现行科学技术普及法于2002年公布施行，对促进科学技术普及、提高公民科学文化素质、推动创新发展发挥了重要作用。随着我国进入新发展阶段，我国科普事业蓬勃发展，但还存在对科普工作重要性认识不够、主动性不强，高质量科普产品和服务供给不足，科普队伍建设滞后，科普基础设施较为薄弱等问题。2022年中央办公厅、国务院办公厅印发的《关于新时代进一步加强科学技术普及工作的意见》，对新时代科普事业发展作出部署。2024年6月24日，全国科技大会召开，习近平总书记强调，坚持培育创新文化，使崇尚科学、追求创新在全社会蔚然成风。为贯彻落实党中央、国务院决策部署，解决科普发展中的突出问题，有必要修改现行科学技术普及法。修订科学技术普及法已分别列入全国人大常委会和国务院2024年度立法工作计划。

科技部会同有关单位经广泛调研、征求有关方面意见、向社会公开征求意见，起草了《中华人民共和国科学技术普及法修订草案（送审稿）》，于2023年9月报送国务院。司法部先后两次征求中央有关部门、省级人民政府和部分行业协会、学会、科技机构等方面意见，赴地方调研。在此基础上，司法部会同科技部反复研究修改，形成修订草案，并根据党的二十届三中全会和全国科技大会精神对修订草案进行了完善。修订草案已经国务院常务会议讨论通过。

二、总体思路和主要内容

修订草案遵循以下总体思路：一是坚持党对科普事业的领导，贯彻落实党中央、国务院关于科普事业发展的决策部署。二是结合科普领域改革发展实际，将切实可行的政策和成熟做法上升为法律规范。三是适应科普面临的新形势、新要求，聚焦科普发展中的突出问题，优化创新制度，完善体制机制。

修订草案新增"科普活动"和"科普人员"两章，共8章60条，主要规定了以下内容：

（一）明确科普的总体要求和目标方向。一是增加规定坚持中国共产党对科普事业的全面领导，开展科普应当以人民为中心，坚持面向世界科技前沿、面向经济主战场、面向国家重大需求、面向人民生命健康，培育和弘扬创新文化。二是增加规定国家把科普放在与科技创新同等重要位置，推动科普全面融入经济、政治、文化、社会、生态文明建设。三是强调科普工作应当践行社会主义核心价值观，弘扬科学精神和科学家精神，遵守科技伦理规范。四是明确国家实施全民科学素质行动，引导公民培育理性思维，树立科学的世界观和方法论，提高劳动、生产、创新创造的技能。

（二）强化科普社会责任。一是细化学校科普责任。强调各级各类学校应当加强科学教育，提升师生科学文化素质。二是强化科研机构科普责任。强调科研机

19

构应当使科普成为机构运行的重要内容，为开展科普活动提供必要的支持和保障。三是强化企业、社会团体科普责任。强调企业应当把科普作为履行社会责任的重要内容，鼓励企业向公众开放实验室、生产线等科研、生产设施；各类自然科学和社会科学类社会团体等应当组织开展专业领域科普活动。

（三）促进科普活动。一是支持科普创作、发展科普产业。明确国家支持科普产品和服务研究开发，鼓励创作高质量科普作品，推动科普公共服务市场化，鼓励兴办科普企业，促进科普与文化、旅游等产业融合发展。二是加强重点领域科普。明确国家推动新技术、新知识传播与推广；部署实施前沿技术领域重大科技任务，应当组织开展有针对性的科普；加强突发事件预防、救援、应急处置等方面的科普工作，完善应急性科普响应机制。三是加强科普信息审核监测。要求提供科普产品和服务、发布科普信息的组织和个人对科普内容的合法性、科学性负责，各类互联网传播平台建立健全发布科普信息的科学性审核机制，国家加强对科普信息发布和传播的监测与评估，对伪科学、反科学等信息及时采取措施。四是加强科普工作评估。规定国家完善科普工作评估体系和公民科学素质监测评估体系，开展科普调查统计和公民科学素质测评，监测和评价科普事业发展成效。

（四）加强科普队伍建设。一是规定加强科普工作人员能力培训和交流，建立专业化科普工作人员队伍；完善科普志愿服务制度和工作体系，支持志愿者开展科普志愿服务。二是明确支持有条件的高校、职业学校设置和完善科普相关学科和专业，培养科普专业人才。三是强调健全科普人员评价、激励机制，鼓励相关单位建立符合科普特点的职称评定、绩效考核等评价制度。

（五）强化保障措施。一是加强科普场馆建设。增加规定国家完善科普场馆和科普基地建设布局，扩大科普设施覆盖面；各级政府应当对符合规划的科普场馆建设给予支持。二是促进科普资源共享。强调国家建设完善开放、共享的国家科普资源库和科普资源公共服务平台，推动全社会科普资源共建共享。三是完善评价激励机制。要求科研机构、企业、学校的主管部门以及科学技术等相关行政部门建立有利于促进科普的评价标准和制度机制；鼓励社会力量设立科普奖项。

此外，修订草案完善了相关法律责任。

修订草案和以上说明是否妥当，请审议。

全国人民代表大会宪法和法律委员会关于《中华人民共和国科学技术普及法(修订草案)》审议结果的报告

全国人民代表大会常务委员会：

常委会第十二次会议对科学技术普及法修订草案进行了审议。会后，法制工作委员会将修订草案印发部分中央有关单位、地方人大、基层立法联系点、高等院校和全国人大代表等征求意见；在中国人大网公布修订草案全文，征求社会公众意见；宪法和法律委员会、法制工作委员会还到湖北、重庆等地调研，听取地方政府有关部门、科协、科普工作者等的意见；并就修订草案有关重要问题与司法部、科技部、中国科协等部门和单位交换意见，共同研究。宪法和法律委员会于11月25日召开会议，根据常委会组成人员的审议意见和各方面的意见，对修订草案进行了逐条审议。教育科学文化卫生委员会、司法部、科技部、中国科协有关负责同志列席了会议。12月16日，宪法和法律委员会召开会议，再次进行了审议。宪法和法律委员会认为，修订草案经过审议修改，已经比较成熟。同时，提出以下主要修改意见：

一、有的常委委员提出，为更好体现中央文件关于科普对创新发展的基础性作用的精神，建议增加"科普是实现创新发展的基础性工作"的规定。宪法和法律委员会经研究，建议采纳这一意见。

二、有些常委会组成人员、地方、单位和社会公众提出，多年来有关方面通过多种形式，定期组织开展科普活动，取得了良好的社会效果，建议在总结实践经验基础上，增加规定每年9月为全国科普月。宪法和法律委员会经研究，建议增加规定有关单位和组织"可以通过多种形式广泛开展科普活动"，"每年9月为全国科普月"。

三、修订草案第二十条规定，老年大学等学校应当普及相关知识技能，提升老年人等人群信息获取、识别和应用等能力。有的常委委员提出，残疾人对相关知识技能的需求也比较突出，建议与无障碍环境建设法做好衔接，增加关于残疾人的规定。宪法和法律委员会经研究，建议将"老年人等人群"修改为"老年人、残疾人等群体"。

四、修订草案第三十一条对新技术研发和应用过程中的科普要求作了规定。有的常委委员提出，在部署实施新技术领域重大科技任务过程中，国家组织开展一定的科普，对于保障公众知情权、增进公众对新技术的了解具有重要意义。同时，开展科普涉及的情形比较复杂，法律作原则性要求更为适宜。宪法和法律委员会经研究，建议将本条修改为："国家部署实施新技术领域重大科技任务，应当组织开展有针对性的科普，保障公众知情权，增进公众理解、认同和支持。"

五、修订草案第三十四条第一款规定："提供科普产品和服务、发布科普信息的组织和个人应当对科普内容的合法性、科学性负责。"有的常委委员、地方和单位提出，本条主要是为了确保科普内容合法和科学，建议明确规定相关科普产品和服务、科普信息应当具有合法性、科学性，不得有虚假错误的内容。宪法和法律委员会经研究，建议采纳这一意见。

六、修订草案第三十四条第二款规定："各类互联网传播平台应当建立健全发布科普信息的科学性审核机制，不得发布伪科学、反科学信息。对经证实属于伪科学、反科学的信息，应当立即采取处置措施，防止信息扩散。"有些常委委员提出，考虑到网络空间信息量巨大，要求网络平台一律承担事前审核责任，会过于加重网络平台负担，也不利于正常科普信息的传播，建议参照民法典等法律的规定，明确网络平台承担发现违法信息后及时处置的责任。宪法和法律委员会经研究，建议将本款修改为："网络服务提供者发现用户传播虚假错误信息的，应当立即采取处置措施，防止信息扩散。"

此外，还对修订草案作了一些文字修改。

12月12日，法制工作委员会召开会议，邀请基层政府有关部门、科普场馆、科技企业、学校、科普工作者和专家学者等，就修订草案主要制度规范的可行性、出台时机、实施的社会效果和可能出现的问题等进行评估。与会人员一致认为，修订草案贯彻落实习近平总书记关于科普工作的重要指示批示精神和党中央决策部署，将科学技术普及工作放在与科技创新同等重要的位置，积极回应新时代科普工作的新形势新要求，系统完善相关制度，具有较强的针对性和可操作性；修订草案充分吸收了各方面意见，已经比较成熟，建议审议通过。同时，还对修订草案提出了一些具体修改意见，宪法和法律委员会对有的意见予以采纳。

修订草案二次审议稿已按上述意见作了修改，宪法和法律委员会建议提请本次常委会会议审议通过。

修订草案二次审议稿和以上报告是否妥当，请审议。

全国人民代表大会宪法和法律委员会
2024年12月21日

全国人民代表大会宪法和法律委员会关于《中华人民共和国科学技术普及法（修订草案二次审议稿）》修改意见的报告

全国人民代表大会常务委员会：

  本次常委会会议于12月21日下午对科学技术普及法修订草案二次审议稿进行了分组审议。普遍认为，修订草案已经比较成熟，建议进一步修改完善后，提请本次常委会会议表决通过。同时，有些常委会组成人员和列席人员还提出了一些修改意见。宪法和法律委员会于12月22日下午召开会议，逐条研究了常委会组成人员和列席人员的审议意见，对修订草案进行了审议。教育科学文化卫生委员会、司法部、科技部、中国科协有关负责同志列席了会议。宪法和法律委员会认为，修订草案是可行的，同时，提出以下修改意见：

一、有的常委委员提出，党的二十届三中全会强调，统筹推进教育科技人才体制机制一体改革。科普与教育科技人才事业发展密切相关，建议增加规定，充分发挥科普在一体推进教育科技人才事业发展中的作用。宪法和法律委员会经研究，建议采纳这一意见。

二、修订草案二次审议稿第三十二条对国家部署实施新技术领域重大科技任务组织开展科普作了规定。有些常委委员提出，一些重大科技任务可能涉及国家秘密，建议增加有关保密的规定。宪法和法律委员会经研究，建议将本条修改为："国家部署实施新技术领域重大科技任务，在符合保密法律法规的前提下，可以组织开展必要的科普，增进公众理解、认同和支持。"

三、有些常委委员提出，修订草案二次审议稿第四十四条对现行科学技术普及法第二十三条的修改，一定程度弱化了科普经费保障制度，与本次修法遵循的促进和加强科普工作的原则不尽一致，建议修改完善。宪法和法律委员会经研究，建议将本条修改为："各级人民政府应当将科普经费列入本级预算，完善科普投入经费保障机制，逐步提高科普投入水平，保障科普工作顺利开展。""各级人民政府有关部门应当根据需要安排经费支持科普工作。"

经与有关方面研究，建议将修订后的科学技术普及法的施行时间确定为公布之日。

此外，根据常委会组成人员的审议意见，还对修订草案二次审议稿作了一些文字修改。

　　修订草案修改稿已按上述意见作了修改,宪法和法律委员会建议提请本次常委会会议审议通过。

　　修订草案修改稿和以上报告是否妥当,请审议。

　　　　　　　　全国人民代表大会宪法和法律委员会
　　　　　　　　　2024年12月24日